Annemarie Hoffmann
Schritte zurück in das Leben

Gedichte um wieder das Leben zu lieben
und die Liebe zu leben.

Danksagung

In einer sehr schweren Krise meines
Lebens begann ich, meine Gedichte zu
schreiben.

Ich danke ganz besonders meiner Familie
und meinen Freunden, die mir Mut gemacht
haben, diese Gedichte zu veröffentlichen.

Ich widme diesen Gedichtband meinen
beiden Töchtern Nicole und Yvonne.
Danke für eure Liebe.

Heute ward ich neu geboren,
heute fängt mein Leben an,
gestern noch schien ich verloren
fragend nur: "Und was kommt dann?"

Heute leb ich meinen Traum
und gib der Liebe endlich Raum.
All den Zweifel, all den Zorn
lass ich fallen und blick nach vorn.

Ich gehe durch den Wald
und stehe vor meinem Baum,
seine bunten Blätter fallen
ganz leise, man hört es kaum.
Man spürt, die Natur begibt sich zu
Ruh und bald deckt der erste
Schnee die Erde zu.

Durch meinen alten Baum
weht leise der Wind,
ich berühre ihn sanft,
wie eins wir doch sind.

Das Jahr geht zu Ende,
ich blicke zurück,
es gab Zeiten voll Sorge,
aber auch Zeiten voll Glück.

Die Wege, die wir gehen,
sind oft steinig und unbequem.
Wir bleiben auf halbem Weg dann stehen,
verlieren den Mut zum Weitergehen.

Doch gibt es was, was uns begleitet,
man nennt es Hoffnung, Mut und Kraft,
auch wenn der Weg uns Schmerz bereitet,
am Ende haben wir`s geschafft.

Wir treten aus der Dunkelheit ans Licht,
nehmen uns wieder an
und zerstören uns nicht.

Du bist gegangen,
ich fühl mich allein.
Ohne dich bin ich nichts,
ohne dich bin ich leer,
ohne dich bin ich einsam
und fühl mich nicht mehr.

Doch wenn ich die Sonne spür
und der Wind mich berührt,
fühl ich noch deine Liebe,
die mich tröstet, mich führt.

Du lebst in meinem Herzen,
du bist an jedem Ort,
denn der Mensch, den man liebt,
der geht nie wirklich fort.

Regen fällt auf den Asphalt,
ich gehe einsam durch die Straßen,
ich höre meinen Schritt, der hallt,
ich fühl mich traurig und verlassen.

Da, plötzlich sehe ich am Himmel
den Regenbogen bunt und klar,
in seinen schönsten Farben schimmern,
der Traum vom Glück ist dann so nah.

Ich fühle dann, das Leben lieben
ist doch so wunderbar,
denn diese kleinen Wunder
sind immer für uns da.

Gestern noch war ich verloren,
doch heute kämpfe ich weiter.
Die Schatten der Nacht
weichen dem Sonnenlicht.
Ich schau in den Himmel
und spüre in mir
eine Kraft, eine Hoffnung,
die ich nicht mehr verlier.

Ich weiß, seinem Schicksal
kann man nicht entrinnen,
vielleicht wird man verlieren,
aber vielleicht auch gewinnen.

Die Sonne scheint hell,
doch in mir ist es dunkel,
ihre Strahlen erwärmen die Erde,
doch meine Seele friert.

Ich fühle mich einsam, verlassen
und leer, spür in mir keine Liebe,
keine Hoffnung mehr.

Doch wenn auch heute
meine Seele weint
und der Weg vor mir
nur hoffnungslos scheint,
verlier ich nicht den Glauben,
verlier ich nicht den Mut,
denn ich spüre eine Kraft
und weiß, alles wird gut.

Den Neuanfang wagen,
wenn nicht jetzt, wann sonst?
Sich neue Ziele setzen,
wenn nicht ich, wer dann?
Wieder zu vertrauen lernen,
ich fange jetzt damit an.

Nur ich kann mich ändern,
dazu bin ich bereit.
Ich will jetzt wieder leben,
ohne Kummer, ohne Leid.

Glück heißt, anderen Freude machen.
Glück ist auch ein Kinderlachen.
Glück ist es auch zu vertrauen
und auf Liebe aufzubauen.

Drum halt das Glück mit beiden Händen,
dann wird es für dich niemals enden.
Denn nur gemeinsam, nicht allein,
kann man auf Dauer glücklich sein.

Ich fühle mich frei wie ein Vogel,
der am Himmel seine Kreise zieht.
Ich fühle mich frei wie ein Schmetterling,
der mit den Sonnenstrahlen fliegt.

Ich fühl eine Hand,
die mich leitet, mich lenkt,
mich beschützt und behütet
und Geborgenheit schenkt.

Mir Halt gibt im Leben,
mich liebt wie ich bin,
denn nur so bin ich glücklich,
denn nur so hat alles Sinn.

Woher kommen wir,
wohin gehen wir,
worin besteht der Sinn des Lebens
und warum sind wir hier?

Nur einer kennt die Antwort,
nur einer kennt den Sinn,
nur einer weiß woher,
nur einer weiß wohin.

Was wir aus unserem Leben machen,
liegt ganz allein in unserer Hand.
Doch wer für andre Menschen da ist,
hat des Lebens Sinn erkannt.

Ich fühle mich einsam,
wohin führt mein Weg?
Bringt er mich weiter,
oder ist es zu spät?

Ich hab mich entschlossen,
ihn weiter zu gehen,
wohin er mich führt,
ich werde es sehen.

Die Last, die ich trage,
sie ist oft so schwer,
ich fühle mich verloren,
ich fühle mich leer.

Doch gehe ich weiter,
ich bleibe nicht stehen,
der Weg ist mein Ziel,
und ich will ihn gehen.

Wo sind meine Tränen?
Ich kann sie nicht sehen.
Warum hab ich Angst?
Ich kann´s nicht verstehen.

Wohin ist die Freude,
wohin meine Liebe,
wo ist mein Vertrauen?
Ach, wenn doch alles nur bliebe.

Wer gibt mir die Hand
und führt mich ins Licht,
wer gibt mir wieder Hoffnung,
dass nicht alles zerbricht?

Weil es dich gibt, bin ich glücklich,
weil es dich gibt, hab ich Mut,
weil es dich gibt, hab ich Hoffnung,
weil es dich gibt, geht´s mir gut.

Ich kann mit dir lachen,
ich kann mit dir weinen,
ich kann mit dir schweigen,
ich kann mit dir träumen.

Du bist mein Glück,
du bist mein Halt,
du gibst mir Wärme,
ohne dich ist es kalt.

Nur bei dir will ich leben,
nur bei dir will ich sein,
ohne dich bin ich leer
und unendlich allein.

Wenn mich Sonnenstrahlen wecken,
freue ich mich auf den Tag,
denk dann still und leis:
„Du schaffst es!" -
was auch kommen mag.

Gestern gab's nur dunkle Schatten,
die auf meiner Seele lagen,
heute kann ich tanzen, lachen
und den Schritt nach vorne wagen.

Traurig blicke ich zurück,
denn es gab sehr schwere Zeiten,
ohne Hoffnung, ohne Glück,
nur Tränen, die meinen Weg begleiten.

Doch heute kehrt in meine Seele
zurück der Glaube und der Mut.
Ich spüre dann mit Gottes Hilfe
wird am Ende alles gut.

Ich bin wieder eins
mit Himmel und Erde,
spüre, wie ich getragen werde.

Fühle die Wärme der Sonne,
den warmen Regen, den Wind,
spüre die innere Freiheit,
die mir niemand mehr nimmt.

Lieben heißt sich fallen lassen.
Lieben heißt auch zu verzeihen.
Lieben heißt Gefühle zeigen
und nichts zu bereuen.

Liebe kann dir Flügel geben
und dich inspirieren,
sie hilft dabei, du selbst zu sein
und dich nicht zu verlieren.

Lieben heißt auch zu vertrauen
und dich zu erkennen.
Sie kann dich in den Himmel tragen,
aber auch verbrennen.

Ich vermisse es, mit dir zu lachen,
ich vermisse es, mit dir zu weinen,
ich vermisse unsere Sonnenaufgänge
am Meer.
Ach, ich vermisse dich so sehr.

Meine Tränen trocknet dann der Wind,
was bleibt sind Erinnerungen,
die mir niemand mehr nimmt.
Du bist fort, mir nicht mehr nah,
doch ich spüre, in meinem Herzen
bist du immer noch da.

Ich spüre die Erde
wie sie mich trägt,
wie sich Wärme
auf meine Seele legt.

Der Geist ruht aus,
jetzt trägt der Körper die Last.
Ich spüre die Ruhe,
es fällt von mir ab,
die Wut und der Hass.

Du, meine Insel im Sonnenlicht,
ein Zauber liegt auf dir.
Du bist das Eiland meiner Träume.
Ich wünschte, ich blieb ewig hier.

Der Duft von Hibiskus und Jasmin
liegt ganz berauschend in der Luft,
ich lieb es durch den warmen Sand zu gehen
und träumend auf das Meer zu sehen.

Es war Liebe auf den ersten Blick,
als ich dich damals sah.
Ich komme immer gern zurück,
ich bin dem Himmel hier so nah.

Einsamkeit umfasst mein Herz,
Einsamkeit, ich spür den Schmerz.
Warum nur bin ich so allein?
Warum nur muss ich einsam sein?

Ich spüre dann die Sehnsucht,
sie lässt mich nicht mehr los.
Die Sehnsucht nach Geborgenheit,
nach Liebe und nach Trost.

Das Leben lieben ist oft so schwer,
man fühlt sich verloren,
man fühlt sich leer.
Sieht keinen Sinn in seinem Leben,
kann seine Liebe niemanden geben.

Doch scheint auch alles hoffnungslos,
verzweifle nicht und suche Trost.
Denn irgendwo siehst du ein Licht,
das durch dunkle Wolken bricht.
Dann treten Menschen in dein Leben,
die dir Kraft und Liebe geben.

Ich will wieder leben,
aber mein Leben leben.

Ich will wieder fühlen,
meinen Körper spüren,
mich nicht mehr verlieren.
Meine Gefühle beschreiben,
wieder bei mir bleiben.

Spüren, wie Liebe und Kraft
meinen Körper durchdringen.

Ich will wieder leben,
es wird mir gelingen.

Autorenbeschreibung

Annemarie Hoffmann wurde 1951 in
Villach/Kärnten geboren. 1959 zog sie
mit ihrer Familie in die Nähe von Köln.
Dort ging sie zur Schule und absolvierte
eine Ausbildung zur Kauffrau. Nach ihrer
Heirat zog sie 1971 an die deutsch-
österreichische Grenze bei Salzburg.
Sie hat zwei erwachsene Töchter.
Sie begann 2007 Gedichte zu schreiben und
hat nun ihren ersten Gedichtband veröffentlicht

Impressum:

Bibliografische Information der Deutschen Nationalbibliothek

Die Deutsche Nationalbibliothek verzeichnet diese Publika-
tion in der Deutschen Nationalbibliografie; detaillierte biblio-
grafische Daten sind im Internet über http://dnb.d-nb.de
abrufbar.

ISBN: 978-3-8370-4683-0

Herstellung und Verlag: Books on Demand GmbH,
22848 Norderstedt.